U0052914

For Tessa

I'M BORED

BORED

我好無聊喔！

Kathleen R. Seaton 著

姚 紅 繪

"I'm bored," I told my family.

"What can I do?" I asked.

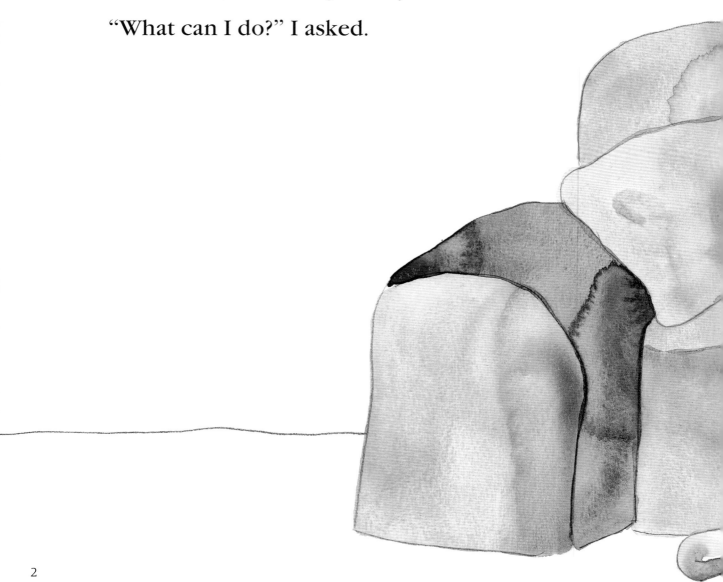

"You can clean your room,"
Mother said.

"*What's wrong with my room?" I asked.

*為生字，請參照生字表。

"You can study your math,"
Father said.

"But, I hate math," I said.

$$3+8=?$$
$$28 \div 2 = ?$$
$$57-18=?$$
$$14+7=?$$

"You can *shine all my shoes,"
Big Brother said.

"Your shoes *stink!" I said.

9

"You can go shopping with me," Big Sister said.

"I hate shopping," I replied.

"You can *pose for my painting,"
Little Brother said.

"No, thank you!" I said.

"You can brush my hair,"
Big Sister said.

"Oh no!" I told her.

"You can help me wash my fish," Little Brother said.

"No one washes their fish!" I shouted.

"You can have tea and *mud cakes with Mr. Bear,"
Little Sister said.

"Ugh!" I said. "Mr. Bear doesn't like me."

19

"Go fly a kite," Big Brother said.

"But there isn't any wind,"
I told him.

"You can help me wash the dishes," Mother said.

"I don't want to get wet,"
I said and ran outside.

23

"You can pull the *weeds
out of the garden,"
Grandfather said.

24

"Grandmother needs me,"

I said and ran inside.

"You can *untangle my *yarn," Grandmother said.

"Sorry, my friend is here," I said,
opening the door.

"You can help me with my homework," my friend said.

"I can't today," I said, closing the door.

"Where are you going?"
everyone asked.
"To bed!" I said.
"Why?" they asked.

"All your suggestions made me tired,"

I said, *sleepily.

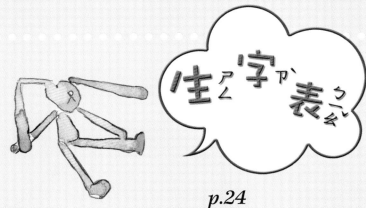

生字表

adv.= 副詞， n.= 名詞， v.= 動詞

我ㄨㄛˇ好ㄏㄠˇ無ㄨˊ聊ㄌㄧㄠˊ喔ㄛ！

p.2-3
我ㄨㄛˇ對ㄉㄨㄟˋ家ㄐㄧㄚ人ㄖㄣˊ說ㄕㄨㄛ：「我ㄨㄛˇ好ㄏㄠˇ無ㄨˊ聊ㄌㄧㄠˊ喔ㄛ！」
我ㄨㄛˇ問ㄨㄣˋ：「我ㄨㄛˇ可ㄎㄜˇ以ㄧˇ做ㄗㄨㄛˋ什ㄕㄣˊ麼ㄇㄜ呢ㄋㄜ？」

p.4
媽ㄇㄚ媽ㄇㄚ說ㄕㄨㄛ：「你ㄋㄧˇ可ㄎㄜˇ以ㄧˇ整ㄓㄥˇ理ㄌㄧˇ你ㄋㄧˇ的ㄉㄜ房ㄈㄤˊ間ㄐㄧㄢ。」
我ㄨㄛˇ問ㄨㄣˋ：「我ㄨㄛˇ的ㄉㄜ房ㄈㄤˊ間ㄐㄧㄢ怎ㄗㄣˇ麼ㄇㄜ了ㄌㄜ？」

p.6-7
爸ㄅㄚˋ爸ㄅㄚˋ說ㄕㄨㄛ：「你ㄋㄧˇ可ㄎㄜˇ以ㄧˇ去ㄑㄩˋ做ㄗㄨㄛˋ數ㄕㄨˋ學ㄒㄩㄝˊ習ㄒㄧˊ題ㄊㄧˊ。」
我ㄨㄛˇ說ㄕㄨㄛ：「我ㄨㄛˇ討ㄊㄠˇ厭ㄧㄢˋ數ㄕㄨˋ學ㄒㄩㄝˊ。」

p.8-9
哥ㄍㄜ哥ㄍㄜ說ㄕㄨㄛ：「你ㄋㄧˇ可ㄎㄜˇ以ㄧˇ把ㄅㄚˇ我ㄨㄛˇ所ㄙㄨㄛˇ有ㄧㄡˇ的ㄉㄜ鞋ㄒㄧㄝˊ子ㄗ擦ㄘㄚ亮ㄌㄧㄤˋ。」
我ㄨㄛˇ說ㄕㄨㄛ：「你ㄋㄧˇ的ㄉㄜ鞋ㄒㄧㄝˊ子ㄗ好ㄏㄠˇ臭ㄔㄡˋ喔ㄛ！」

p.10-11
姊姊說：「你可以和我一起去買東西。」
我回答：「我討厭逛街。」

p.12-13
弟弟說：「你可以當我的圖畫裡的模特兒。」
我說：「不，謝啦！」

p.14-15
姊姊說：「你可以幫我梳頭髮。」
我對她說：「喔，不！」

p.16-17
弟弟說：「你可以幫我洗魚。」
我大叫：「沒有人洗魚的啦！」

p.18-19

妹妹說：「你可以和小熊先生一起喝茶、吃泥巴蛋糕。」
我說：「噁！小熊先生不喜歡我啦！」

p.20-21

哥哥說：「去放風箏吧！」
我回答他：「但是一點風都沒有啊。」

p.22-23

媽媽說：「你可以幫我洗碗。」
我說：「我不想被弄濕！」然後跑到外面去。

p.24-25

爺爺說：「你可以拔花園裡的雜草。」
我說：「奶奶在找我了！」接著又跑回屋裡去。

p.26-27

奶奶說:「你可以幫我解開這些線團。」

我邊開門邊說:「我朋友來了!」

p.28-29

我朋友說:「你可以幫我做功課。」

我說:「今天不行!」然後把門關上。

p.30-31

大家問:「你要去哪裡?」

我告訴他們:「去睡午覺。」

他們問:「為什麼?」

我愛睏的回答:「你們的建議讓我覺得好累喔。」

英文練習解答

p.39

Mother → You can clean your room.

Big Brother → You can shine my shoes.

Little Brother → You can wash my fish.

Father → You can study math.

Big Sister → You can go shopping.

英文練習

　　小班一直說他很無聊，所以他的家人幫他想了一些事情做。小朋友，請你仔細聽朗讀CD的 Track 4，然後把每個人的圖片和他的建議連起來。第一次聽的時候跟不上也沒關係，可以多聽幾次再作答喔！

Mother

Big Brother

You can shine my shoes.

You can clean your room.

You can go shopping.

You can wash my fish.

You can study math.

Little Brother

Father

Big Sister

　　都連好了嗎？現在，請聽CD的 Track 5，跟著CD一起大聲的把這些句子再唸一遍。

正確答案在第38頁喔！

小遊戲

小朋友，你曾經像小班一樣，因為不知道要做什麼事而覺得無聊嗎？下面有兩個簡單的勞作跟摺紙遊戲，可以讓你在無聊的時候找到樂趣喔！

立體西瓜

材料：
1. 空白圖畫紙兩張　　2. 剪刀
3. 彩色筆或蠟筆　　　4. 膠水
5. 棉線或繩子

 1 把一張空白圖畫紙對折，沿著對折線畫一個半圓；然後依著你畫的線把這個半圓剪下來。

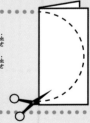

2 將剪下來的半圓攤開變成一個大圓，以它當作模型，在另一張圖畫紙上剪下同樣大小的圓。

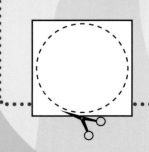

3

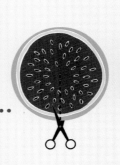

用彩色筆或蠟筆在這兩個圓上畫出西瓜剖面圖。

4

沿著對折線，將兩個西瓜各剪開一半。

5

把兩個西瓜沿著裂縫的地方拼起來，讓它成為一個立體的西瓜。

6

用膠水把棉線或繩子固定在西瓜的頂部，這樣你就可以把做好的西瓜掛起來了！

這個立體西瓜的勞作是不是很簡單呢？小朋友可以試著利用同樣的方法，做出自己喜歡的立體水果喔！

海ㄏㄞˇ盜ㄉㄠˋ帽ㄇㄠˋ

材ㄘㄞˊ料ㄌㄧㄠˋ：1. 正ㄓㄥˋ方ㄈㄤ形ㄒㄧㄥˊ或ㄏㄨㄛˋ長ㄔㄤˊ方ㄈㄤ形ㄒㄧㄥˊ的ㄉㄜ˙紙ㄓˇ
2. 剪ㄐㄧㄢˇ刀ㄉㄠ

1

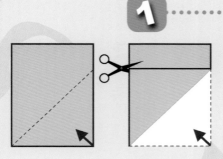

這ㄓㄜˋ個ㄍㄜˋ摺ㄓㄜˊ紙ㄓˇ遊ㄧㄡˊ戲ㄒㄧˋ要ㄧㄠˋ用ㄩㄥˋ正ㄓㄥˋ方ㄈㄤ形ㄒㄧㄥˊ的ㄉㄜ˙紙ㄓˇ來ㄌㄞˊ做ㄗㄨㄛˋ。如ㄖㄨˊ果ㄍㄨㄛˇ你ㄋㄧˇ用ㄩㄥˋ的ㄉㄜ˙是ㄕˋ長ㄔㄤˊ方ㄈㄤ形ㄒㄧㄥˊ的ㄉㄜ˙紙ㄓˇ，把ㄅㄚˇ其ㄑㄧˊ中ㄓㄨㄥ一ㄧ個ㄍㄜˋ角ㄐㄧㄠˇ往ㄨㄤˇ鄰ㄌㄧㄣˊ邊ㄅㄧㄢ折ㄓㄜˊ，變ㄅㄧㄢˋ成ㄔㄥˊ一ㄧ個ㄍㄜˋ三ㄙㄢ角ㄐㄧㄠˇ形ㄒㄧㄥˊ，然ㄖㄢˊ後ㄏㄡˋ用ㄩㄥˋ剪ㄐㄧㄢˇ刀ㄉㄠ把ㄅㄚˇ三ㄙㄢ角ㄐㄧㄠˇ形ㄒㄧㄥˊ以ㄧˇ外ㄨㄞˋ的ㄉㄜ˙部ㄅㄨˋ分ㄈㄣ剪ㄐㄧㄢˇ掉ㄉㄧㄠˋ，再ㄗㄞˋ把ㄅㄚˇ三ㄙㄢ角ㄐㄧㄠˇ形ㄒㄧㄥˊ攤ㄊㄢ開ㄎㄞ，就ㄐㄧㄡˋ是ㄕˋ一ㄧ個ㄍㄜˋ正ㄓㄥˋ方ㄈㄤ形ㄒㄧㄥˊ了ㄌㄜ˙。

2

把ㄅㄚˇ正ㄓㄥˋ方ㄈㄤ形ㄒㄧㄥˊ的ㄉㄜ˙一ㄧ角ㄐㄧㄠˇ往ㄨㄤˇ對ㄉㄨㄟˋ角ㄐㄧㄠˇ折ㄓㄜˊ，讓ㄖㄤˋ它ㄊㄚ變ㄅㄧㄢˋ成ㄔㄥˊ一ㄧ個ㄍㄜˋ三ㄙㄢ角ㄐㄧㄠˇ形ㄒㄧㄥˊ。

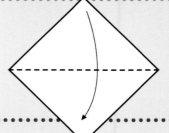

3

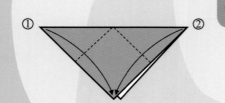

把ㄅㄚˇ三ㄙㄢ角ㄐㄧㄠˇ形ㄒㄧㄥˊ左ㄗㄨㄛˇ右ㄧㄡˋ兩ㄌㄧㄤˇ邊ㄅㄧㄢ的ㄉㄜ˙角ㄐㄧㄠˇ（角ㄐㄧㄠˇ①和ㄏㄢˊ角ㄐㄧㄠˇ②）往ㄨㄤˇ下ㄒㄧㄚˋ折ㄓㄜˊ，讓ㄖㄤˋ它ㄊㄚ變ㄅㄧㄢˋ成ㄔㄥˊ一ㄧ個ㄍㄜˋ小ㄒㄧㄠˇ一ㄧ點ㄉㄧㄢˇ的ㄉㄜ˙正ㄓㄥˋ方ㄈㄤ形ㄒㄧㄥˊ。

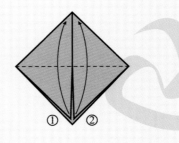

4

把角①和角②再往上折些，跟最上面的角對齊。

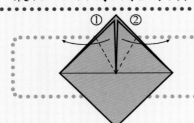

5

再把角①和角②往旁邊折一點些，這樣帽子上的角就出現了些！

6

把角③（上面那一層些）往上折些一點，不要完全對齊最上面的角。

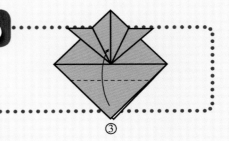

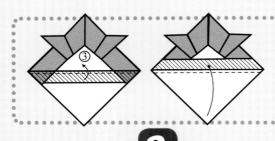

7

把多出來的部分（斜線部分）往上折些，再把下面的大三角形往上下兩層之間的空間裡塞。

8

把上下兩層之間的空間撐開，一頂海盜帽就完成了些！

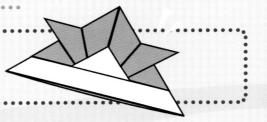

　　小朋友可以利用各種紙折出這頂海盜帽；用的紙顏色不同，帽子也會不一樣喲！多做幾頂帽子，還可以跟大家一起玩海盜遊戲！

Kathleen R. Seaton is an Associate Professor in the Department of Foreign Languages and Literature at Tunghai University. She teaches a seminar course in Children's Literature, Film and Culture, courses in composition and oral practice and electives in acting and drama. She holds an interdisciplinary PhD in Mass Communication and an MFA in Film from Ohio University, Athens Ohio, U.S.A.

Kathleen R. Seaton （呂珍妮） 在東海大學外國語文學系擔任副教授。她教授兒童文學、電影與文化的文學討論課程，另外還開設英文作文和口語訓練兩堂主修課程，選修課程方面則有表演與戲劇。她擁有美國俄亥俄大學的大眾傳播學跨領域博士和電影藝術碩士學位。

寫書的人

　　姚紅畢業於南京藝術學院中國畫系，現職於江蘇少年兒童出版社，從事兒童繪本的編輯和創作多年。她的繪畫作品《蓬蓬頭溜冰的故事》獲第四屆中國優秀少年讀物一等獎；《牙印兒》獲國際兒童讀物聯盟「小松樹」獎；《飛吻大王》獲第五屆國家圖書獎。由姚紅策劃並與他人合作編輯的《「我真棒」幼兒成長圖畫書》獲2000年冰心兒童圖書獎。

畫畫的人

I Love My Family Series

我愛我的家系列

Kathleen R. Seaton　著／姚紅　繪

附中英雙語朗讀 CD ／ 適讀對象：學習英文 0～2 年者（國小 1～3 年級適讀）

六本全新創作的中英雙語繪本，
六個溫馨幽默的故事，
帶領小朋友們進入單純可愛的小班的生活，
跟他一起分享和家人之間親密的感情！

Grandmother

Grandfather

Father

Mother

1. **I'm Bored** 我好無聊喔！
2. **Wake Up! Wake Up!** 起床了！
3. **Let's Go! Let's Go!** 出發嘍！
4. **Happy Birthday Grandmother** 奶奶，生日快樂！
5. **I Want A Dog** 我想要一隻狗！
6. **There Are Ants in My Pants!** 哎呀！褲子裡有螞蟻

賽皮與柔依系列

ZIPPY AND ZOE SERIES

想知道我們發生了什麼驚奇又爆笑的事嗎？
歡迎學習英文0-2年的小朋友一起來分享我們的故事 ——
「賽皮與柔依系列」，讓你在一連串有趣的事情中學英文！

精裝／附中英雙語朗讀CD／全套六本

Carla Golembe 著／繪
本局編輯部 譯

Hello！我是賽皮，
我喜歡畫畫、做餅乾，還
有跟柔依一起去海邊玩。
偷偷告訴你們一個秘密：
我在馬戲團表演過喔！

Hi，我是柔依，
今年最開心的事，就是賽皮
送我一張他親手畫的生日
卡片！賽皮是我最要好的朋
友，他很聰明也很可愛，我
們兩個常常一起出去玩！

賽皮與柔依系列有：

❶ 賽皮與綠色顏料
   (Zippy and the Green Paint)
❷ 賽皮與馬戲團
   (Zippy and the Circus)
❸ 賽皮與超級大餅乾
   (Zippy and the Very Big Cookie)
❹ 賽皮做運動
   (Zippy Chooses a Sport)
❺ 賽皮學認字
   (Zippy Reads)
❻ 賽皮與柔依去海邊
   (Zippy and Zoe Go to the Beach)

國家圖書館出版品預行編目資料

I'm Bored:我好無聊喔! / Kathleen R. Seaton著;姚
紅繪;本局編輯部譯.－－初版一刷.－－臺北市:
三民，2006
　　面；　　公分.－－(Fun心讀雙語叢書.我愛我的
家系列)
中英對照
ISBN 957－14－4246－1　　(精裝)

1. 英國語言－讀本

523.38　　　　　　　　　　　　　94026451

網路書店位址　http://www.sanmin.com.tw

© 　I'm Bored
　　　──我好無聊喔!

著作人　Kathleen R. Seaton
繪　者　姚　紅
譯　者　本局編輯部
發行人　劉振強
著作財
產權人　三民書局股份有限公司
　　　　臺北市復興北路386號
發行所　三民書局股份有限公司
　　　　地址／臺北市復興北路386號
　　　　電話／(02)25006600
　　　　郵撥／0009998－5
印刷所　三民書局股份有限公司
門市部　復北店／臺北市復興北路386號
　　　　重南店／臺北市重慶南路一段61號
初版一刷　2006年1月
編　號　S 806031
定　價　新臺幣壹佰捌拾元整
行政院新聞局登記證局版臺業字第○二○○號

ISBN　957－14－4246－1　　(精裝)